# 10 cosas que el PAPA LEÓN XIV quiere que sepas

SOR. GEMMA MORATÓ SENDRA, OP



LIBROS LIGUORI™

Un ministerio de los Redentoristas

*Imprimi Potest:*
Kevin Zubel, CSsR, Provincial
Denver Province, The Redemptorists

Publicado por Liguori Publications
Liguori, Missouri 63057

Liguori Publications, una corporación sin fines de lucro, es un apostolado de los Redentoristas (Redemptorists.com).

Para realizar un pedido,
visita Liguori.org o llama al 800-325-9521



ISBN 978-0-7648-2899-7
E-ISBN 978-0-7648-7278-5



Impreso en los Estados Unidos de América.
29 28 27 26 25 / 5 4 3 2 1

Imagen de portada: Stefano Spaziani.
El papa León XIV, visita al santuario de Nuestra Señora del Buen Consejo en Genazzano, 10 de mayo de 2025.

INTRODUCCIÓN

# Un nuevo capítulo para la Iglesia

La elección del papa León XIV marca un punto de inflexión significativo en la vida de la Iglesia. En un momento en que el mundo se debate entre la división, la desilusión y los cambios rápidos, el Espíritu Santo ha levantado a un pastor cuya historia de vida es silenciosamente revolucionaria, marcada no por el poder o el prestigio, sino por la sencillez, la comunidad y el servicio incansable. El antiguo cardenal Robert Francis Prevost, este humilde fraile agustino de Chicago, ha tomado el relevo del pescador con un mensaje claro: la Iglesia debe volver al corazón del Evangelio, caminar con su pueblo y dar testimonio del Cristo vivo con valentía y compasión.

En marcado contraste con la grandiosidad ceremonial que suele asociarse a un nuevo papado, la primera aparición pública de León XIV fue impactante por su sencillez. No hubo grandes declaraciones ni gestos teatrales. En su lugar, hubo una reverencia silenciosa, una mirada humilde y un mensaje profundamente intencionado. «La paz esté con ustedes», dijo, haciéndose eco de las primeras palabras de Cristo resucitado. Y con esas palabras, quedó establecido el tono de todo su pontificado: paz, humildad, fraternidad y misión.

El papa León XIV no ve a la Iglesia como una fortaleza que hay que defender, sino como un puente que hay que construir. Sus raíces agustinianas le han inculcado una espiritualidad contemplativa y misionera, una búsqueda incansable de Dios que solo se cumple en comunidad y en el servicio. Aporta al papado una rica experiencia vivida: como misionero en las regiones pobres del Perú, como formador en el seminario, como superior general de su Orden y como prefecto del Dicasterio para los Obispos. Estas funciones no lo han alejado del pueblo, sino que han profundizado su compromiso de caminar con él, de escuchar, sanar y acompañar.

Los diez temas de este folleto se han extraído directamente de las profundas reflexiones de los primeros días del pontificado del papa León XIV.

dad, el cuidado mutuo y la oración compartida. Su formación en la Orden de San Agustín le enseñó que la contemplación y la misión no son vocaciones separadas, sino dos aspectos de la misma búsqueda: una vida interior abierta a Dios y una vida exterior entregada al servicio.

Como agustino, León XIV no busca a Dios en doctrinas abstractas, sino en las relaciones vividas. Cree que el cristiano no puede pretender seguir a Cristo sin pertenecer a la Iglesia. Así como Agustín enseñó que Cristo es la Cabeza de la Iglesia y nosotros somos su cuerpo, el papa León insiste en que la comunidad no es opcional para el discipulado, sino esencial. Su vida ha estado marcada por esta convicción, que lo ha llevado a desempeñar funciones que han formado comunidades de discernimiento, oración y acción, desde maestro de novicios hasta rector de seminario y prior general de su Orden.

Esta inquietud no es una carga, sino un don. Ha llevado al papa León a los campos misioneros del Perú, a los polvorientos caminos de Trujillo y, más tarde, al liderazgo de la Orden Agustina mundial. Es una inquietud que busca servir en lugar de dominar, escuchar en lugar de declarar. En las comunidades pobres del Perú, encontró el evangelio vivido con alegría en medio del sufrimiento, y en el gobierno de su Orden, aprendió que la autoridad, cuando está moldeada por el amor, crea comunión.

Lo que distingue la inquietud del papa Leo es que no busca respuestas por la certeza, sino por el amor. Es una inquietud que empuja a la Iglesia más allá de la complacencia y hacia una intimidad más profunda con Dios y una mayor solidaridad con los demás. No se trata de control intelectual, sino de humilde apertura. Al igual que Agustín, el papa Leo cree que Dios no es una realidad lejana, sino Aquel que se encuentra en el pan compartido, en las preguntas comunes y en el grito de los pobres.

Buscar a Dios con un corazón inquieto es vivir con anhelo, humildad y esperanza. Significa rechazar la mediocridad y elegir, en cambio, el camino de la transformación interior y el servicio exterior. Este es el camino que el papa León nos invita a recorrer con él, no hacia la comodidad, sino hacia la comunión. Y comienza, como lo hizo para él, con un corazón inquieto que se atreve a creer que Dios está cerca.

bien común. Su voz es tranquila, pero firme: «El mal no prevalecerá. Todos estamos en manos de Dios».

Para León XIV, *Fratelli Tutti* no es un texto para citar, sino un camino por recorrer. No lo lee como un manifiesto, sino como un itinerario espiritual. La paz no se construye solo con políticas, sino con la conversión diaria de los corazones. Al buscar a los que sufren, acoger a los excluidos y curar a los heridos, la Iglesia se convierte en instrumento vivo de la paz de Cristo.

En su primera bendición, *Urbi et Orbi*, el papa León XIV volvió a este tema con una claridad penetrante. «El mundo necesita su luz. La humanidad lo necesita como puente para llegar a Dios y a su amor». No basta, insiste, que la Iglesia hable de paz; debe vivirla, encarnarla, arriesgarla. La paz no es blanda. Es escandalosa. Nos despoja de las armas, tanto las literales como las emocionales. Desarma nuestro orgullo y prepara nuestras manos para el servicio.

Por eso, el papa León invita a todos, no solo a los líderes o diplomáticos, a convertirse en artífices de la paz. A comenzar en nuestras familias, nuestros barrios, nuestras iglesias, y a creer, contra viento y marea, que la paz de Cristo es posible.

Porque no es un invento nuestro. Es un regalo suyo. Y nos corresponde a nosotros darlo.

la verdad nunca se impone, sino que se descubre en comunidad, en preguntas compartidas, en la caridad fraterna. Por eso insiste en que el cristianismo no es un escape privado, sino una llamada a la comunión. El amor de Dios no se puede acaparar, hay que compartirlo. «Nadie es desechable», repite a menudo. «Nadie es un extraño a los ojos de Cristo».

Invita a la Iglesia a convertirse en un espacio de encuentro, un lugar donde el amor no solo se profesa, sino que se encarna. Durante su ministerio, instó a las comunidades a ser «sembradoras de comunión», especialmente en tiempos difíciles. La vida cristiana, insiste, no es una póliza de seguro contra el sufrimiento, sino una misión nacida del amor. Saber que somos amados es ser enviados. El Evangelio no se conserva, se proclama a través de vidas que irradian este amor.

El papa León es claro: este amor no nos exime del dolor, pero lo transforma en revelación. Incluso en el sufrimiento, Dios se acerca. Incluso en el silencio, Dios habla. Para León XIV, la respuesta cristiana a cualquier crisis, ya sea global o personal, es comenzar de nuevo en el amor. En palabras del salmo que cita a menudo: «¡Tu rostro, Señor, es lo que busco!» (Salmo 27, 8).

Esta parte de su mensaje no es meramente teológica. Es profundamente humana. El amor de Dios no es una recompensa, es la fuente. Y una vez recibido, nos envía a amar sin miedo, a construir comunidad sin juzgar y a caminar con los demás en la alegría de ser amados primero.

# 4.

# El mal no prevalecerá

«El mal no prevalecerá». Con estas cuatro palabras, el papa León XIV anunció no solo su convicción, sino también el fundamento de su esperanza. En un momento en que muchos corazones están abrumados por la guerra, la injusticia, el cinismo y el miedo, nos recuerda que el mal, por muy fuerte o violento que sea, no tiene la última palabra. No se trata de un optimismo ciego ni de un consuelo retórico. Es la verdad del Evangelio arraigada en la resurrección: Cristo ha resucitado y su victoria es segura.

León XIV no niega la realidad del mal. Al contrario, lo nombra claramente: desigualdad, crisis migratorias, polarización, manipulación tecnológica, destrucción del medio ambiente, confusión espiritual y deshumanización. Pero no lo hace desde el miedo, sino desde la fe. La suya es una voz profética, que se hace eco del apóstol Pablo: «No te dejes vencer por el mal, sino vence el mal con el bien» (Romanos 12, 21). Para León XIV, el mal es real, pero no es definitivo. Dios lo es.

Cuando eligió el nombre «León», se situó intencionadamente en la línea del papa León XIII, pionero de la doctrina social católica que afrontó los trastornos morales de la era industrial con la claridad del Evangelio. Ahora, en nuestra propia era de inteligencia artificial, conflictos globales y fragmentación cultural, León XIV responde con la misma audacia pastoral: una Iglesia que proclama la justicia, promueve la paz y camina junto a los pobres. El mal no prevalecerá, no por las victorias políticas, sino porque la cruz y la resurrección ya han quebrado su poder.

Sus palabras no están desconectadas de la vida. León XIV ha vivido el sufrimiento, el suyo y el de los demás. Como obispo de Chiclayo, estuvo al lado de las personas heridas por la violencia y la pobreza. En homilías y cartas, les recordaba: «Todos estamos en manos de Dios». No en manos del destino, ni en las garras del miedo, sino en las manos firmes, fieles y compasivas del Padre. Esta creencia, anclada en la oración y la experiencia pastoral, da forma a su papado.

Sabe que la fe no es un escudo contra el dolor, sino una luz que lo atraviesa. En una homilía en la que recordaba la desesperación del profeta Elías, dijo: «Incluso cuando sentimos que no podemos seguir adelante, Dios viene y camina con nosotros». Leo XIV insiste constantemente en la importancia de la comunidad para hacer frente al mal. Solos, podemos flaquear. Pero juntos, alimentados por la oración y el apoyo mutuo, perseveramos. La Iglesia, dice, está llamada a encarnar la compasión de Dios: la ternura, no el juicio, es nuestra profecía más urgente.

La frase «no tengan miedo», repetida a menudo por Cristo y repetida por el papa Juan Pablo II, es fundamental en el mensaje de León XIV. Él la repite ahora, no como un eslogan, sino como una invitación. «No tengan miedo», dice a los jóvenes que disciernen su vocación, a las familias agobiadas por la incertidumbre, a las comunidades que sufren persecución. Dios está con nosotros. Nunca abandona a su pueblo.

Decir «el mal no prevalecerá» no es minimizar el sufrimiento. Es recordar la verdad más profunda: que Cristo ha vencido al mundo. Esta convicción nos da fuerzas para resistir la desesperación, defender la verdad y vivir con valentía. Nos recuerda que la perseverancia no es ingenuidad, sino un acto de fe.

El papa León XIV nos invita a vivir desde esa convicción. A creer, una vez más, que el amor es más fuerte que el odio, que la luz es más duradera que la oscuridad y que la gracia está actuando, de forma silenciosa pero segura, en el mundo. «Estamos en manos de Dios», dice. Y por eso podemos seguir adelante. Sin miedo.

# 5.

# Jesús, el buen pastor

«Yo soy el buen pastor. El buen pastor da su vida por sus ovejas» (Juan 10, 11). Estas palabras del Evangelio de Juan fueron unas de las primeras que proclamó el papa León XIV tras su elección. No fueron elegidas al azar. Expresan el núcleo de su visión pastoral y su identidad espiritual. Para León XIV, Jesús no es solo el Maestro, no solo el Salvador, sino, sobre todo, el Buen Pastor: cercano, compasivo, fiel y abnegado. Y la Iglesia también debe estar marcada por este mismo corazón.

Desde sus primeros días como fraile agustino en Chicago hasta sus años misioneros en Perú, desde las aulas del seminario hasta las remotas parroquias de montaña, el papa León XIV ha vivido constantemente este modelo de pastoreo. Sabe que pastorear no es solo guiar. Es acompañar. Es llevar, escuchar, quedarse atrás cuando alguien se pierde y avanzar cuando los demás tienen miedo. La imagen del pastor no es sentimental para él, es una regla de vida.

Este modelo pastoral marcó todo su episcopado en Chiclayo. Visitaba comunidades aisladas no por formalidad, sino por amistad. Conocía los nombres y las historias de las personas a las que servía. Escuchaba a los catequistas, caminaba con las familias y atendía a los sacerdotes con la misma ternura que había aprendido del Evangelio. Les recordaba que Jesús nunca abandona a su rebaño y que nosotros no podemos abandonar a los que nos han sido confiados.

Para León XIV, el obispo no es una figura distante, sino un padre y un hermano. Considera que el ministerio episcopal no es una autoridad sobre los demás, sino una responsabilidad hacia ellos. Ha hablado de manera conmovedora de la cruz pastoral, el bastón curvo que simboliza el deber de guiar, apoyar y, a veces, traer de vuelta con delicadeza a los que se han extraviado. El obispo, dice, debe caminar en tres lugares: delante para guiar, en medio para acompañar y detrás para recoger a los débiles. Esto no es teoría, es su testimonio.

En Roma, cuando era prefecto del Dicasterio para los Obispos, León XIV llevó esta visión a escala mundial. Buscaba obispos que no fueran administradores, sino pastores. Hombres de comunión, de humildad, de liderazgo centrado en el Evangelio. Obispos que, como él decía, «huelen a oveja», haciéndose eco del papa Francisco. Resistió la tentación de ver el liderazgo como una estrategia y lo devolvió a sus raíces: la imagen de Cristo que da su vida por amor.

Pero esta llamada no es solo para el clero. El papa León XIV nos recuerda a todos los bautizados que también nosotros estamos llamados a reflejar al Buen Pastor. En nuestros hogares, lugares de trabajo, parroquias y barrios, estamos llamados a cuidarnos unos a otros, a buscar a los perdidos, a llevar las cargas y a amar sin contar el costo. Cada cristiano, a su manera, está invitado a vivir con corazón de pastor.

En un mundo que a menudo se siente sin liderazgo, fragmentado y ansioso, León XIV propone un liderazgo de mansedumbre, valentía y cercanía. No poder, sino presencia. No control, sino cuidado. En este modelo, no hay lugar para la arrogancia, la indiferencia o la dureza. Solo existe el ritmo constante de quien camina con los demás, guiado por el amor.

La Iglesia, insiste, debe encarnar este espíritu

pastor. Debe ser un hogar donde los heridos sean curados, donde los temerosos sean consolados y donde todos puedan escuchar la voz del Único Pastor que los conoce por su nombre. Esta es la Iglesia de Jesús. Esta es la Iglesia que León XIV quiere guiar.

# 6.

# Ser misioneros

«Anunciar el Evangelio, ser misioneros». Estas palabras, pronunciadas por el papa León XIV al comienzo de su pontificado, no son un eslogan ni un programa, sino su identidad vivida. Desde el momento en que ingresó en la vida religiosa como joven agustino, pasando por los años que pasó entre los pobres del Perú, hasta su actual función como sucesor de Pedro, León XIV ha entendido su vocación en una sola palabra: misión.

Para él, la misión no es algo que la Iglesia «hace», sino lo que la Iglesia «es». Toda persona bautizada, independientemente de su condición o función, está llamada a ser misionera. Esto no se limita a tierras lejanas o a gestos espectaculares. Significa dar testimonio de Cristo vivo en la vida cotidiana, con valentía, con compasión y, sobre todo, con alegría. El papa León lo ha repetido una y otra vez: el Evangelio no es una idea que hay que estudiar, sino una persona que hay que encontrar y compartir. La evangelización comienza con la relación, con Cristo y con los demás.

El propio camino misionero de León XIV comenzó en serio cuando, siendo un joven fraile, fue enviado a las remotas regiones del norte de Perú. Allí, en pueblos polvorientos y parroquias pobres, aprendió de nuevo el Evangelio. Lo vio en la resiliencia de las comunidades, en su amor por las Escrituras, en su generosidad a pesar de la escasez y en su hambre de justicia. Él no llevó a Cristo al Perú, sino que lo encontró allí. E insiste en que este tipo de encuentro determina la forma en que proclamamos el Evangelio: no desde la superioridad, sino desde la solidaridad.

Para el papa León XIV, la misión nunca es solo predicar. Es escuchar, sanar, caminar con las personas en su realidad concreta. En sus propias palabras: «La misión de la Iglesia no es solo proclamar a Cristo, sino también defender la vida, cuidar de los pobres y proteger a los vulnerables». Su comprensión de la misión incluye los derechos humanos, la justicia social, la preocupación ecológica y la defensa de la dignidad de cada persona. Una Iglesia que no alza la voz por los que no la tienen, dice, corre el riesgo de silenciar el mismo evangelio que predica.

En una época en la que algunos prefieren retirarse del mundo, León XIV insta a la Iglesia a salir, a cruzar no solo las fronteras geográficas, sino también las fronteras más profundas del miedo, la indiferencia y la apatía. Para él, las periferias no son opcionales. Son lugares privilegiados de encuentro. Y esas periferias incluyen no solo a los pobres, sino también a los olvidados, los que dudan, los que sufren y los que están aislados digitalmente. Incluso el mundo digital, señala, es un nuevo territorio de misión, y la Iglesia no debe temer entrar en él.

Lo que impulsa esta misión no es la estrategia, sino el amor. El papa León se hace eco del kerigma de la Iglesia primitiva: «Jesucristo te ama, ha dado su vida por ti y ahora vive a tu lado». Esa verdad lo cambia todo. Y una vez que has experimentado este amor, no puedes evitar compartirlo.

La misión, entonces, no es una función de unos pocos, sino la tarea de todos. Ser misionero es ser Iglesia. Es vivir con los ojos abiertos a las necesidades de los demás, con las manos dispuestas a servir y con el corazón ardiente por el deseo de que los demás conozcan a Jesús. Es decir, como hace el papa León XIV con tranquila convicción: «Salgamos. Sin miedo. Con amor».

# 7.

# Queremos ser una Iglesia sinodal

Cuando el papa León XIV declara: «Queremos ser una Iglesia sinodal, una Iglesia que camina junta», no se limita a hacerse eco de una tendencia pastoral ni a repetir un eslogan. Está articulando una visión de la Iglesia que ha dado forma a todo su ministerio, desde las remotas parroquias del Perú hasta los salones del Vaticano. Para León XIV, la sinodalidad no es un proyecto, es una forma de ser. Una forma de escuchar al Espíritu, discernir juntos y caminar como un solo pueblo de Dios.

El corazón de la sinodalidad es la comunión. No se trata de sustituir la jerarquía o las estructuras, sino de renovarlas en el Espíritu. La sinodalidad invita a todas las personas bautizadas —laicos, consagrados u ordenados— a asumir la responsabilidad de la vida y la misión de la Iglesia. Nos llama a no caminar solos, ni a esperar a que otros hablen, sino a recorrer juntos el camino con humildad, escuchando profundamente a Dios y a los demás.

La formación de León XIV en la espiritualidad agustiniana le ha hecho especialmente sensible a esta visión eclesial. La vida comunitaria de san Agustín se basaba en el discernimiento compartido y la caridad mutua. Ese legado está presente en la concepción de la sinodalidad de León XIV: no como un debate interminable, sino como un movimiento del corazón hacia la verdad, moldeado por la oración y guiado por el Espíritu. A menudo subraya que la primera tarea de la sinodalidad no es hablar, sino escuchar. Escuchar a Dios. Escucharos unos a otros. Escuchar los signos de los tiempos.

Durante el Sínodo mundial sobre la sinodalidad, Leo XIV —entonces cardenal Prevost— describió la sinodalidad como una «experiencia viva de diálogo y discernimiento». Fue claro: no se trata solo de un nuevo método, sino de una conversión. Requiere un cambio de postura: pasar de emitir declaraciones a hacer preguntas, del control a la corresponsabilidad, del miedo a la confianza. El Espíritu no está limitado por las viejas costumbres. El Espíritu, dice, «nos precede, supera nuestras expectativas y nos llama a la escucha mutua».

En esta Iglesia sinodal, los obispos tienen un papel único, pero no solitario. No son ejecutivos ni jueces, sino pastores que guían al pueblo permaneciendo entre él. León XIV ha dicho que un obispo debe estar cerca de su pueblo, no aislado. Debe fomentar la unidad, no la división. Debe ser un hermano que escucha, un servidor que anima y un pastor que camina junto a los demás. Este es el tipo de liderazgo que cura las heridas, construye la confianza y permite a la Iglesia avanzar con integridad.

También reconoce las tentaciones que amenazan este camino, especialmente la polarización. En la Iglesia, como en la sociedad, es fácil caer en bandos, etiquetar y descartar, reducir la complejidad a la ideología. Pero el papa León es claro: la Iglesia debe resistir esto. La sinodalidad es un antídoto contra la polarización. Abre un espacio donde las personas pueden ser escuchadas sin ser juzgadas y donde el Espíritu Santo puede sorprendernos con nuevos caminos de comunión.

Vivir sinodalmente es caminar con paciencia. Significa dar tiempo para que los corazones se ablanden, para que se escuchen las voces, para que surjan las verdades. No es eficiente, pero es fiel. Refleja la forma en que Jesús caminó con sus discípulos: haciendo preguntas, partiendo el pan, escuchando los temores, revelando poco a poco el camino a seguir.

Para el papa León XIV, esto no es solo un sueño, es una necesidad. La Iglesia del siglo XXI no puede permitirse trabajar en silos ni hablar desde pedestales. Debe trabajar —y caminar— juntos, con el Espíritu en el centro. Así es como la Iglesia se convierte en lo que debe ser: un pueblo en peregrinación, unido no por la uniformidad, sino por el amor.

# 8.

# Una Iglesia unida

«Caminar con ustedes, como Iglesia unida». Esta frase, pronunciada por el papa León XIV al comienzo de su pontificado, es más que un sentimiento pastoral: es una expresión profunda de su visión de la Iglesia. En una época marcada por la fragmentación, las divisiones ideológicas y la polarización eclesial, ofrece un camino diferente: la unidad arraigada en Cristo, alimentada por la humildad y expresada en la comunión.

La unidad no consiste en borrar las diferencias, ni en un acuerdo ciego. Para el papa León XIV, la unidad es fruto del amor, un amor que abraza la diversidad sin miedo. Inspirándose en sus raíces agustinianas, recuerda a la Iglesia que la unidad es tanto un don como una tarea. Es algo que recibimos en Cristo —«En Uno, somos uno»—, pero también algo que debemos construir cada día a través del diálogo, el perdón y un propósito común.

Su lema episcopal, *In Illo uno unum* («En Uno somos uno»), tomado del comentario de San Agustín a los Salmos, ha guiado su ministerio durante décadas. No es meramente decorativo, sino un compromiso teológico y pastoral. Él cree que la comunión es el signo más profundo de la credibilidad de la Iglesia en el mundo. Cuando los cristianos caminan juntos, comen juntos, rezan juntos y disciernen juntos, revelan la presencia de Cristo en medio de ellos.

Como obispo de Chiclayo, Leo XIV hizo de la unidad la piedra angular de su ministerio. Promovió la participación de los laicos, apoyó a los sacerdotes como hermanos y colaboradores, y fomentó las prácticas sinodales mucho antes de que se convirtieran en prioridades institucionales. Creía que la Eucaristía no era solo la «fuente y cumbre» de la vida cristiana, sino también el corazón palpitante de la unidad eclesial. «Sin la Eucaristía —dijo una vez— no hay Iglesia. Y sin comunión, no hay evangelio creíble».

La unidad, enseña, no es uniformidad. No se trata de que todos piensen igual, sino de que todos estén arraigados en el mismo Espíritu. Es una armonía que nace de la fe compartida y del amor mutuo. En Roma, como prefecto del Dicasterio para los Obispos, buscó líderes que pudieran encarnar esta unidad, obispos que no polarizaran sino que reconciliaran, que no dominaran sino que sirvieran.

Como Papa, León XIV continúa esta labor con tranquila determinación. Llama a la Iglesia a rechazar la retórica divisiva y a sanar las heridas del faccionalismo. Insta a los católicos de todo el espectro —tradicionales y progresistas, conservadores y reformistas— a que no se vean como enemigos, sino como hermanos y hermanas. La unidad, insiste, no debilita a la Iglesia. Es su fuerza.

Él comprende el costo de la unidad. Requiere paciencia, perdón y, a veces, la humildad de renunciar a tener razón. Pero la recompensa es grande: una Iglesia que respira con ambos pulmones, habla con muchas voces y camina con un solo corazón.

En un mundo en el que la diferencia conduce tan a menudo a la división, el papa León XIV ofrece un testimonio contrario. Nos muestra que la unidad es posible, no por la fuerza, sino por la gracia. No silenciando el desacuerdo, sino escuchándolo. En una Iglesia construida sobre la comunión, el Espíritu encuentra espacio para moverse, sorprender y renovar.

Y así, nos invita —obispos, sacerdotes, religiosos y laicos— a caminar con él. No detrás de él. Con él. Como Iglesia unida. Arraigada en Cristo. Abierta a los demás. Enviada al mundo como signo de sanación y esperanza.

9.

# Una Iglesia que tiende puentes

---

Desde el comienzo de su pontificado, el papa León XIV ha sido claro: la Iglesia no está llamada a construir muros, sino puentes. Esta convicción está en el centro de su comprensión de lo que significa ser discípulo de Cristo en el mundo de hoy. No se trata de retirarse a espacios seguros o de fortalecer la identidad eclesial contra la era moderna. Se trata más bien de entrar con valentía en la complejidad del mundo, encontrarse con los demás y forjar caminos de diálogo, reconciliación y paz.

En su primer mensaje público, pronunció estas palabras: «Ayúdense, y luego ayuden a los demás, a construir puentes —mediante el diálogo, mediante el encuentro— que unan a todos en un solo pueblo, siempre en paz». No se trataba de comentarios diplomáticos. Era una hoja de ruta para su pontificado. Él imagina una Iglesia que sirva de puente vivo entre generaciones, entre culturas, entre los que están dentro de la Iglesia y los que están lejos de ella. Una Iglesia que no tema a las preguntas, las tensiones o las heridas, sino que se adentre en ellas con amor.

El papa León XIV ha visto de primera mano el poder de esa construcción de puentes. Como obispo de Chiclayo, ejerció su ministerio en contextos marcados por el malestar social, las dificultades económicas y las divisiones históricas. Fue testigo de cómo la Iglesia puede convertirse en un espacio de encuentro, donde los enemigos políticos se hablan, donde se escucha a los pobres, donde los que sufren encuentran consuelo y donde el Evangelio abre un espacio para la sanación. Esta visión no creció en la teoría, sino en las calles y en las comunidades reales.

Tender puentes no es comprometer la verdad. Al contrario, es permitir que la verdad haga lo que siempre ha estado destinada a hacer: unir a las personas. El papa León insiste en que el evangelio no puede predicarse con espíritu de antagonismo. La verdad no es un arma, es un don. Y el cristiano no la impone, la propone, la comparte, la vive.

Esta construcción de puentes incluye el diálogo ecuménico e interreligioso. Para León XIV, no se trata de gestos políticos o cortesías superficiales. Son expresiones del alcance universal del Evangelio. Todas las personas son creadas a imagen de Dios. Todas anhelan dignidad, sentido y paz. La Iglesia, dice, debe ser la primera en arriesgarse a cruzar las fronteras, a encontrarse con el otro y a abrazar la humanidad compartida.

Tender puentes también significa sanar las divisiones dentro de la Iglesia. El papa León conoce el dolor causado por la polarización, cuando los católicos hablan sin escucharse o se tratan como amenazas. Se niega a reducir a las personas a etiquetas. En cambio, pide una Iglesia en la que las diferentes sensibilidades puedan convivir, no en conflicto, sino en comunión. «Reconózcanse como hermanos y hermanas», dice, no como adversarios.

A menudo recurre a la imagen de Jesús, cuya misión fue construir puentes: entre el cielo y la tierra, entre Dios y la humanidad, entre el pecador y la gracia. La Cruz misma es el puente definitivo: vertical en su comunión con el Padre, horizontal en su abrazo a la humanidad. Ese es el modelo que León XIV ofrece a la Iglesia hoy.

No es una tarea fácil. Construir puentes requiere humildad, paciencia y la disposición a ser malinterpretado. Pero es la tarea más urgente de la Iglesia en un mundo dividido. El papa León XIV llama a la Iglesia a ser lo que realmente es: un signo del deseo de Dios de atraer a todas las personas hacia sí mismo, superando todas las divisiones. Y nos llama a cada uno de nosotros a asumir la misión, no con miedo, sino con el corazón abierto.

# 10.

# María camina con nosotros

En los primeros momentos de su pontificado, el papa León XIV se arrodilló ante una imagen de la Virgen María en silencio y oración. No había micrófonos, ni anuncios, solo un gesto. Sin embargo, ese acto silencioso lo decía todo. Revelaba algo profundamente personal y profundamente teológico: María no es solo una figura en el fondo de la historia de la Iglesia, sino que camina con nosotros. Para el papa León XIV, María no es distante, idealizada o inaccesible. Ella está cerca. Ella es Madre.

De su formación agustiniana, León XIV heredó una espiritualidad mariana que enfatiza tanto la contemplación como la acción. María es la mujer que escucha, que reflexiona y que actúa. Ella no es pasiva. Ella está atenta. Y está profundamente presente en la vida de cada creyente y de cada comunidad. «Nuestra Madre María», dice él, «siempre quiere caminar con nosotros». Esto no es poesía, es convicción. Es experiencia. María acompaña a la Iglesia como acompañó a su Hijo: en silencio, con fidelidad y con valentía.

Como obispo de Chiclayo, el papa León fue profundamente influenciado por la devoción mariana popular del pueblo peruano. En las aldeas remotas donde prestó sus servicios, María no era solo una figura doctrinal, era parte de la familia. Se la invocaba en momentos de alegría y de angustia, se la honraba en las fiestas y procesiones, se la invocaba en todas las oraciones. Él vio en su devoción algo que la teología por sí sola no podía enseñar: María no es un ideal abstracto, sino una compañera real.

En sus cartas pastorales y mensajes, hablaba a menudo de María como la primera discípula, la que nos enseña a escuchar la voz de Dios, a decir «sí» a su llamada, a permanecer fieles incluso en la oscuridad. No la describía como una reina en un pedestal, sino como una mujer que camina a nuestro lado, que nos toma de la mano cuando el camino es difícil y nos muestra cómo seguir a Cristo con confianza.

Para el papa León XIV, María encarna también el espíritu sinodal de la Iglesia. Ella es la que escucha antes de hablar, la que atesora las palabras en su corazón antes de actuar. No impone, sino que acompaña. Está presente en todos los momentos clave de la historia de la salvación, desde la Anunciación hasta Pentecostés, no como espectadora, sino como protagonista. Este estilo mariano es lo que el papa León desea para la Iglesia: una comunidad que discierne, escucha, camina junta y permanece cerca de los que sufren.

María es también el modelo del discipulado misionero. Después de la Anunciación, no se queda en Nazaret a contemplar su privilegio. Se pone en camino «apresto» para visitar a Isabel. Lleva consigo a Cristo. El papa León recurre con frecuencia a esta imagen para recordar a la Iglesia que la verdadera devoción lleva a la acción. La espiritualidad mariana no es retiro, es disponibilidad. Caminar con María es caminar hacia los demás, llevando a Cristo.

También ve a María como fuente de consuelo y fortaleza en tiempos turbulentos. Cuando el mundo tiembla bajo el peso de los conflictos y la incertidumbre, María se yergue al pie de la cruz y nos enseña a esperar. En su propio camino personal —desde su vocación en Chicago hasta su labor misionera en Perú y la Sede de Pedro—, León XIV ha encontrado en ella una compañera, una intercesora y un modelo.

Encomendarnos a María, dice, no es huir de la realidad, sino entrar en ella con gracia. En su presencia, encontramos espacio para respirar, espacio para confiar y fuerza para empezar de nuevo. Por eso, el papa León XIV pone su pontificado bajo su manto, no como adorno, sino como protección. No como símbolo, sino como guía.

María camina con nosotros. Y donde ella camina, Cristo nunca está lejos.

## CONCLUSIÓN

# Un pontificado con raíces y futuro

El papa León XIV no ha venido a inaugurar una nueva ideología ni a desmantelar la tradición. Más bien, su pontificado surge como una continuación del Evangelio, vivido fielmente siguiendo los pasos de la rica herencia de la Iglesia, pero profundamente en sintonía con los signos de nuestro tiempo. Con la humildad de un servidor y el corazón de un misionero, León XIV ofrece a la Iglesia un estilo de liderazgo pastoral, sinodal y profundamente evangélico. No lidera mediante órdenes, sino mediante la comunión. No desde arriba, sino desde dentro.

En estos primeros días de su papado, los temas que ya han surgido revelan los contornos de una Iglesia arraigada y con visión de futuro. Desde su primer mensaje —«La paz esté con ustedes»— hasta su firme afirmación de que «el mal no prevalecerá», pasando por su gesto sencillo de encomendar todo a María, León XIV ha comenzado su misión no con la fuerza, sino con la fe. Una fe forjada en los caminos polvorientos del norte de Perú, en la disciplina espiritual de la vida comunitaria agustiniana y en años de escucha, discernimiento y acompañamiento.

Este es un papa que encarna lo que predica. No es un teólogo distante ni un burócrata desapegado. Es un pastor que ha caminado entre su pueblo, que sabe lo que significa liderar con lágrimas, celebrar con los pobres y partir el pan con los marginados. Su autoridad no se basa en la imagen ni en la estrategia, sino en la experiencia, profundamente humana y profundamente espiritual.

A lo largo de este folleto, hemos recogido diez cosas esenciales que el papa León XIV quiere que la Iglesia sepa. Cada una de ellas refleja no solo su teología, sino también su convicción vivida. Que el amor de Dios es el principio de todo. Que la paz es fruto del valor y la humildad. Que la Iglesia debe construir puentes, no muros. Que el camino a seguir es sinodal, recorrido juntos, guiados por el Espíritu. Que María sigue caminando con nosotros.

No rehúye los retos a los que se enfrenta la Iglesia: la polarización, la secularización, la crisis ecológica, la convulsión tecnológica y la desigualdad global. Pero tampoco afronta estos retos con miedo. La suya es una voz firme y esperanzada, una voz que nos recuerda que Cristo sigue estando en el centro y que el Evangelio sigue siendo una buena noticia.

En muchos sentidos, el papa León XIV representa la convergencia de dos grandes tradiciones: la profundidad intelectual y comunitaria de la herencia agustiniana y la energía misionera y pastoral de la Iglesia latinoamericana. Él aporta ambas cosas al escenario mundial con suave claridad. No ofrece espectáculo, sino profundidad. No busca aplausos, sino transformación.

Y nos llama a cada uno de nosotros, no solo a los líderes y teólogos, sino a todos los bautizados, a caminar con él. A vivir nuestra fe no como una obligación ritual, sino como un testimonio gozoso. A volver a Cristo. A buscar el rostro de Dios en el rostro de los pobres. A ser la Iglesia que el mundo anhela ver: misericordiosa, justa, unida y valiente.

Con las raíces firmemente plantadas en la tradición y los ojos fijos en Cristo, el papa León

XIV es un papa para este momento y para el camino que tenemos por delante. Sus palabras se hacen eco de la sabiduría de su padre espiritual, san Agustín: «Que el amor se arraigue en ustedes, y de ese arraigo no pueda brotar más que el bien».

Esa es su esperanza. Esa es su promesa. Ese es el camino que nos invita a seguir.